GUIDE ALLE RACCOLTE EGIZIE D'ITALIA
serie fondata e diretta da Francesco Tiradritti
3

IL CONTRIBUTO ITALIANO ALLA COSTRUZIONE DEL MUSEO EGIZIO DEL CAIRO

Rosanna Pirelli
Francesco Tiradritti

Montepulciano 2013

In affettuosa memoria di Carla Maria Burri,
Indimenticabile *direttrice dell'Istituto Italiano
di Cultura al Cairo e amica*

S.S. 146 nord, 6
53045 Montepulciano
Tel. 0578-798074
harwa@harwa.it
www.harwa.it

ISBN 978-88-9080-831-9

Finito di stampare nel mese di novembre 2013
presso Tipografia Etruria, Chanciano (Siena)
a cura dell'Associazione Culturale per lo Studio
dell'Egitto e del Sudan - Montepulciano

INDICE

INAUGURAZIONE DELLA RINNOVATA SEZIONE ARCHEOLOGICA DELL'ISTITUTO ITALIANO DI CULTURA PER LA R.A.E.

Il Cairo, 14 dicembre 1995
Sharia Champollion, 14 - Il Cairo

Una delle fotografie dell'album di Garozzo & Zaffrani utilizzata sulla copertina della guida distribuita in occasione dell'apertura della Sezione Archeologica Italiana al Cairo

INTRODUZIONE

La terza uscita delle Guide alle Raccolte Egizie d'Italia è dedicata al Museo Egizio del Cairo. L'occasione di questo sconfinamento è data dalla mostra fotografica *Il contributo italiano alla costruzione del Museo Egizio del Cairo*, organizzata nell'ambito dell'incontro CIPEG 2010 (Montepulciano, 19 - 23 agosto). Si tratta di una versione ampliata dell'evento espositivo inaugurato al Castello Sforzesco di Milano il 15 giugno del 1995 e successivamente trasferito al Cairo. L'allora direttrice dell'Istituto Italiano di Cultura, la compianta Carla Maria Burri, la volle per sottolineare l'inaugurazione della sede in Sharia Champollion 14 di quello che è oggi il Centro Archeologico Italiano in Egitto, avvenuta il 14 dicembre dello stesso anno.

Ora come allora la mostra è basata su un album di fotografie che mi fu mostrato quando lavoravo alle Civiche Raccolte Archeologiche di Milano da Marina Arosio, segretaria generale di quella istituzione. Il proprietario era un suo conoscente che ha sempre voluto mantenere l'anonimato (anche in quest'occasione ne rispetto il desiderio) e che ringrazio per la disponibilità dimostrata nel concedere il permesso alla riproduzione fotografica dell'album. Era in suo possesso in quanto discendente di Francesco Zaffrani, uno dei due titolari dell'impresa che si occupò della costruzione dell'edificio del Museo Egizio del Cairo.

La mostra del 1995 era basata su una selezione delle fotografie che documentavano le varie fasi del lavoro e sulle vedute dell'edificio appena completato. Queste ultime erano poste a confronto con riprese, effettuate cercando di rispettare lo stesso punto di vista nella primavera del 1995, che mostravano chiaramente

quanto l'edificio del museo fosse rimasto pressoché immutato e come invece fosse cambiato il tessuto urbano che lo circonda.
Nei mesi di luglio e agosto del 1995 ebbi la fortuna e l'onore di lavorare per la commissione, finanziata dalla Cooperazione Italiana allo sviluppo, che doveva preparare le linee guida per il concorso finalizzato alla costruzione del *Grand Egyptian Museum* (che allora non si chiamava così) di Giza. Mi dovevo occupare di monitorare lo stato delle collezioni conservate nella sede di Midan el-Tahrir. In quell'occasione, grazie alla gentilezza e liberalità dell'allora direttore Dottor Mohammed Saleh, ebbi accesso a ogni parte dell'edificio. Nella biblioteca trovai altre tre copie dell'album fotografico di Garozzo e Zaffrani. Le mie ricerche mi condussero anche a scovare, quasi fortuitamente, un opuscolo a stampa firmato da un certo E.B. e dal titolo *Museo egiziano. Rivista critica dei progetti esposti al concorso*, Cairo 1895. Nel fascicolo di ventidue pagine l'autore prendeva in esame i settantatre progetti presentati al concorso internazionale per la costruzione del museo egizio del Cairo. L'esemplare da me ritrovato doveva presumibilmente essere la copia utilizzata per la correzione di bozze. A margine di ogni pagina due diverse mani avevano riportato il nome di cinquantuno progettisti, la cui identità avrebbe dovuto essere celata da un motto. Il risultato del concorso, dove tutti i premiati risultarono di nazionalità francese, dimostra chiaramente come questa precauzione si fosse dimostrata completamente inutile, almeno per quanto riguarda i membri della commissione giudicatrice. Dalla lettura dell'opuscolo avevo tratto la sensazione che la comunità italiana al Cairo avesse un estremo interesse nella costruzione del Museo Egizio del Cairo e che l'attribuzione dei lavori alla ditta Garozzo - Zaffrani, creata per l'occasione, fosse stata decisa in compensazione del pessimo trattamento ricevuto dall'Italia in occasione del concorso. Questa sensazione mi sembra che oggi trovi conferma nel contributo di Rosanna Pirelli in questa guida, anche se le ricerche che ho attualmente in corso consentono di delinearne maggiormente i contorni di tutta la vicenda.
Rosanna, amica e collega, è stata preziosa per la realizzazione di questa piccola mostra. Nella sua funzione di direttrice del Centro

Archeologico dell'Istituto Italiano di Cultura al Cairo si è occupata di far riprodurre le fotografie esposte. Sono state eseguite da uno degli esemplari dell'album che si trovano al Museo del Cairo da Ahmed Amin, fotografo della prestigiosa istituzione e caro amico. A questo proposito ringrazio sentitamente il Dott. Zahi Hawass, Sottosegretario alla Cultura e Direttore Generale del Consiglio Superiore delle Antichità egiziano per aver accordato il permesso alla riproduzione, la Dottoressa Wafaa el-Saddik, direttrice del Museo Egizio del Cairo e il direttore della biblioteca Essam Abd Elhamid per avere grandemente facilitato le operazioni di ripresa dell'album.

La mia sentita gratitudine va anche alle autorità poliziane che hanno reso possibile l'organizzazione del CIPEG 2010 e della mostra nei prestigiosi ambienti del Palazzo del Capitato. Tengo a ricordare soprattutto il Sindaco Andrea Rossi e l'assessore al Sistema Montepulciano (Sviluppo Economico, Promozione del Territorio, Attività Culturali) Franco Rossi. La mostra, così come pure l'incontro CIPEG, non sarebbero stati possibile senza il generoso contributo finanziario della Regione Toscana, della Fondazione Montepaschi e della Banca di Credito Cooperativo di Montepulciano. A loro va la mia profonda riconoscenza.

Francesco Tiradritti
Direttore della Missione
Archeologica Italiana a Luxor

Boscalti (Montepulciano), 16 agosto 2010

Anno IV — N. 78 — 1 Piastra Tariffa il Numero — Martedì 19 Marzo 1895

L'IMPARZIALE

Giornale Politico Quotidiano, il solo designato per la pubblicazione degli avvisi ed atti giudiziari del Tribunale Misto di 1ª Istanza di Cairo

Autorizzato per la pubblicazione degli atti ufficiali del Regio Consolato d'Italia ed organo per le pubblicazioni ufficiali dell'Imperiale e Reale Consolato d'Austria-Ungheria

PREZZO D'ABBONAMENTO — Per un anno . . . . Fr. 60 — Per sei mesi . . . » 30 — Per tre mesi . . . » 15 — Gli abbonamenti decorrono dal 1 e 15 — Una piastra egiziana il numero — per fuori di Cairo le spese di posta in più

AVVERTENZA — *Tutto quanto si riferisce al giornale s'invii alla Redazione e ciò che riguarda amministrazione, all'Amministrazione.*

Direttore: E. ARUS — Redattore responsabile: F. SANTORELLI

UNICI DEPOSITI DEL GIORNALE

In Cairo. — Casa G. PENASSON, diretta dal sig. Sanino, accanto al Credit Lyonnais e casa V. PENASSON diretta dal sig. A. Desavlla dirimpetto ai magazzini Français, con incarico di abbonamenti, inserzioni, pubblicità ecc. per Cairo e provincia e villaggi.

In Alessandria — G. MUSARELLI, via Attarin dirimpetto al Caffè Napier. Rappresentante e incaricato per la vendita, abbonamenti e pubblicità.

Il giornale non assume alcuna responsabilità per le inserzioni a pagamento.

I manoscritti non si restituiscono anche non pubblicati — le lettere non affrancate si rifiutano.

INSERZIONI E PUBBLICAZIONI — In 1ª pagina Fr. 2, — la linea — In 2ª » » 1,25 » — In 3ª » » 1, — » — In 4ª » » 0,25 » — *Per gli avvisi che oltrepassano le tre pubblicazioni prezzi da concordarsi*

CAIRO (Egitto)

R. CONSOLATO D'ITALIA
IN CAIRO

Il sottoscritto rende noto a coloro che nel 1889, in Cairo, aderirono alla formazione di un'Associazione per la diffusione della lingua italiana, che su le somme da essi versate, una tangente del 62,50 o/o si troverà a loro disposizione, da oggi fino al giorno 30 giugno dell'anno corrente, in questa Regia Cancelleria Consolare dove potranno presentarsi personalmente a ritirarla.

Li avverte inoltre che decorso detto termine la somma residuale non reclamata sarà devoluta a totale benefizio delle «Scuole serali italiane» in questa Città.

Cairo 5 Gennaio 1895

Il R. Console
F. MAZZA

DIARIO ESTERO

Italia

Il Re interessandosi alle poco floride condizioni nelle quali il comm. Celli, procuratore del Re a Milano, assassinato nel proprio ufficio, ha lasciato la propria famiglia, concesse a ciascuna delle due figlie nubili dell'integerrimo magistrato un annuo assegno vitalizio di favore in lire 1500 sul bilancio della Real Casa.

— Dopo un discorso dell'on. senatore Cambray Digny l'associazione politica fiorentina ha votato le seguenti deliberazioni:

« 1. Di esprimere intera fiducia che il governo del Re non cesserà di prevenire e reprimere, con energia e prudenza, i tentativi intesi a sovvertire colla violenza le costituzioni dello Stato o a turbare od offendere la sicurezza pubblica e i diritti dei cittadini.

« 2. Di far voto che il potere legislativo sanzioni, senza transazioni, [illegible] i principi solennemente garantiti dallo Statuto fondamentale del Regno rispettando i diritti e le libertà dei cittadini.

« 3. Di propugnare nelle elezioni politiche [illegible] le candidature di quegli uomini le cui convinzioni siano conformi a quelle della Associazione.

— La Corte d'appello di Catania accogliendo il reclamo del procuratore generale, ha cancellato De Felice-Giuffrida dall'albo dei procuratori legali.

La sua recente nomina è quindi annullata.

Francia

Secondo un documento distribuito alla Camera francese l'esercizio del 1894 si chiuse con un disavanzo di 58 milioni.

Il *budget* in discussione presentemente è già in *deficit* prima di essere concluso, se si fanno alcuni confronti fra le previsioni ministeriali e i redditi dei mesi già decorsi.

— Gli operai italiani si sono presentati per lavorare al forte di Pont-Saint-Vincent, ma hanno dovuto ritirarsi stante l'attitudine ostile degli operai francesi.

La Lanterne dice che l'irritazione contro gli operai italiani, che lavorano nel forte di Port Saint Vincent, latente da parecchi giorni, scoppiò appena si seppe del prossimo arrivo di nuove squadre.

Gli operai francesi erano disposti a ricorrere alla violenza se gli italiani persistevano.

Pare che i giornali ricordino al Governo i precedenti impegni di proporre una legge contro gli operai dei [illegible] lavoranti nelle fortificazioni.

Spagna

Un dispaccio da l'Avana annunzia che gli insorti si sono impadroniti di Vinales (Cuba); hanno ucciso 40 uomini di quella guarnigione, e si sono impossessati di armi e hanno saccheggiato il Municipio.

— Alla Camera, il governo fu interpellato sull'attitudine degli Stati Uniti nelle cose di Cuba.

Il governo rispose che le relazioni con gli Stati Uniti sono sempre cordiali e che nel governo americano aveva offerto il suo concorso per la repressione dei moti cubani, ed il governo spagnuolo s'era mai sognato di chiederlo.

Austria-Ungheria

Il conte Apponyi pronunciò alla Camera ungherese un discorso che fece molto senso, concludendo, a proposito del voto del bilancio, che il compromesso austro-ungherese del 1867 « non deve essere interpretato alla lettera, ma secondo lo spirito, altrimenti non vi sarebbe più progresso possibile per l'Ungheria ».

L'Ugron, capo del partito clericale, complimentandosi di tali sentimenti dell'Apponyi, ha poi a sua volta ricordato sull'argomento dell'unione personale delle due parti della monarchia.

Inghilterra

Un mezzo miliardo di lire sarà il bilancio della marina inglese per l'anno 1895-96, mettendo in cantiere 10 incrociatori, 20 contro-torpediniere. Calcolando quanto già sta nei cantieri per ordinazioni antecedenti, le nuove costruzioni saranno:

10 corazzate di 1 classe;
6 incrociatori idem;
13 incrociatori di II classe;
2 incrociatori idem;
40 a 50 contro-torpediniere;
4 avvisi.

Marocco

Si ha da Tangeri:

« Gravi disordini sono scoppiati a Casablanca, ma furono tosto repressi. Fu arrestato un capo dei ribelli.

« Il Ministro plenipotenziario inglese lascierà Fez alla fine di marzo ».

— La corazzata spagnuola *Reina-Regente* è arrivata a Tangeri coll'Ambasciata marocchina, proveniente da Madrid.

Le questioni del giorno

La vita politica in Egitto si va raffreddando con un crescendo insolito, sconfortante; e i giornali, che sono il riflesso di essa, impallidiscono, anemizzandosi ogni giorno di più. Vedetelo negli articoli di fondo, notatelo nelle polemiche della stampa nostra; convincetevene seguendo e segnandovi le questioni che i giornali nostri trattano tutti i giorni con una fede da francescano, con una pazienza da Giobbe, ma con una noia da sbadigli. Quali i giornali; quali le questioni? Il *Progrès* e il *Journal* si sbattono ogni giorno in faccia due o tre colonne di prosa per dirsi sempre le stesse piacevolezze polemistiche, trattando sempre lo stesso soggetto, la stessa questione, sviscerandola in tutti i modi, rivoltandola, cucinandola con mille salse: l'occupazione inglese. La *Gazette* fa lume ogni giorno, o almeno nei giorni che scrive a fondo, cioè ha volontà di scrivere un articolo di fondo, fa lume all'Inghilterra e a tutti i soldati e i funzionari della graziosa regina del *good*. Il *Messaggiere* per mantenersi estraneo alla politica, s'umidisce periodicamente o municipaleggia con una costanza invidiabile; il *Phare d'Alexandrie* fa il padre nobile del sentimento, e il consigliere del tarbuscio. E sempre le stesse cose; una monotonia che fa spavento; gira e rigira, gli articoli sono sempre gli stessi: il giornalismo è fatto come il calendario; i santi sono sempre gli stessi tutti gli anni, e vengono sempre alle stesse date, con le medesime funzioni religiose.

Dio mio! come faremmo se non avessimo gli inglesi in casa? Scommettiamo che noi faremmo come i lenoni di Nerina cantati da Stecchetti: scenderemmo in strada ad aspettarli. E Nerina, per noi, è la questione del giorno: e come faremmo noi senza la questione? E chi ce la paga la questione? Gli inglesi. Dunque, come faremmo senza gli inglesi? Così la questione del giorno diventa la questione annuale: e la questione che lega gli avvenimenti diventa la questione che rompe le scatole.

I lettori lo sanno; ed è così vera la cosa, che ogni giornalista che si rispetta ha un profondo orrore per la lettura dei giornali. Quel disgraziato, poi, a cui, per colmo di sventura, tocca — in un giornale — la rivista della stampa — finirà all'ospedale.

Leggete un giornale d'opposizione. Vi dichiara che l'Egitto è il paese dove la moralità è più rovinata, che nel 1882, quando l'occupazione volle imprimere una novella prosperità al paese, dando incremento alle riforme, l'Egitto apparve come un ricovero di fuorusciti, e se per caso, nelle vicende della vita, capita a qualcuno trovarsi a sedere accanto a un inglese, bisogna ritrarsene come al contatto di un appestato, di un tiraborse o d'un manigoldo qualunque. Di questo passo, un magnifico florilegio da ospedale di matti o da taverne. Leggete ancora? La legge di Lynch è agli inglesi assai preferibile; e come *mot de la fin* la ricetta dei rimedi; una teoria, che invece di comprimere certi eccessi che si ripetono ogni giorno per l'intransigenza indigena, si deve dar loro libero sfiatamento.

Leggete i giornali inglesegianti. Non si è mai stati tanto bene, come ora: l'occupazione porta la manna di Dio; l'occupazione è il Mosè del Signore; è la sapienza delle riforme; l'occupazione inglese deve restare sempre, sempre con noi, perchè il paese la desidera, la vuole, ne ha bisogno. E così di seguito; tanto di seguito che il lettore finirà con non leggere più l'articolo di fondo, bastandogli quello letto il primo giorno dell'anno. Almeno fino a tanto che il giornalista non scriverà senza il fondo.

E lo potrà, se anzi che con gli articoloni che sono sempre gli stessi, consentire che gli uomini cosidetti politici, in qualsiasi partito essi militino, che si abbassino per essere al livello d'ogni bisogno volgare, s'importà che si elevino, che elevino il paese al livello di quel benessere cui tutti debbono aspirare. E lo potrà se — senza ripetersi quotidianamente, senza seccare il pubblico con questioni di inglesi ed indigeni — a questo popolo senza profeti, a questo governo senza ossa, a questo cuore senza sangue, si dirà che se il paese si lascia assorbire soverchiamente dalle questioni inferiori, dalle preoccupazioni di prosperità materiale e momentanea, da ciò che oggi dicono bisogni della giornata, l'Egitto sarà in breve un pianeta spento che percorrerà inconscio non più l'orbita sua, ma l'orbita di un altro astro dal quale sarà fatalmente attratto. Guardate al fondo, senza scrivere articoli idem. La politica, è vero, è stato detto, è un combattimento notturno; ma questa che facciamo noi con i nostri giornali non ha le armi bianche o da fuoco, ma ha per arme più micidiale i palloncini d'*assafetida* per distruggere i lettori.......

Il Parto della Duchessa Di Genova

Torino, 10. — La Duchessa di Genova — oggi alle 12,40 — ha partorito un maschio.

La Duchessa e il neonato godono buona salute.

E' stato avvertito l'on. Farini perchè si trovi giovedì prossimo a Torino per compiere l'atto di Stato civile, come notaio della Corona, per la nascita del figlio del Duca di Genova.

Si dice che in tale occasione si recheranno a Torino anche i Sovrani

LA BASTARDA

APPENDICE DELL'IMPARZIALE

122

PARTE SESTA

Gelosia. — La figlia e la madre
Schianto di fulmine.

II

Uscirono da quella stanza come erano entrati, senza passare dall'altro appartamento.

Allora Rosetta si alzò. Era sbalordita, vacillante sulle gambe, ma i suoi occhi luccicanti esprimevano una ferma risoluzione.

Senza perdere tempo, andò ad aprire l'uscio dal quale era entrata Nini e si mise a girare per le stanze vicine, persuasa di trovare quella di sua figlia.

Nel salotto incontrò Michina.

Costei, sconvolta a quella apparizione, stava per chiederle dove si fosse nascosta; ma Rosetta non gliene lasciò il tempo.

— Presto, conducimi dalla signora, — disse in tuono quasi di comando, — non ho un momento da perdere.

— Vado ad avvertirla.

— È inutile, non vi sgriderà, statene certa; presto, vi ripeto, insegnatemi dove si trova.

Sebbene Michina trovasse strano quanto succedeva da poche ore, tuttavia non fece più alcuna obbiezione.

E seguita dalla vecchia, si diresse tosto verso la camera della sua padrona.

III.

Nell'appartamento di via Guastalla regnava una certa tranquillità. In alcuni momenti sembrava anzi che fosse ivi svanita ogni ombra di tristezza di angoscia di dolore.

Le bambine si erano ristabilite e portavano in quelle stanze la luce, l'allegria. Vigia era quella che sapeva più contenersi, giacchè vedeva spesso la fronte di Elena e Nesta velarsi di una nube di dolore.

Ma la gaiezza naturale di Bruna e di Bice, lungamente compressa, avevano libero sfogo e non si tenevano più dal ridere, saltarellare tutta la giornata.

Il negoziante Cavarni era un compagno, un camerata, un amico per le due vivacissime creature, giacchè egli prendeva parte ai loro giuochi, godeva quando gli saltavano sulle ginocchia, gli toglievano il berretto, frugavano in tutte le sue saccoccie.

Giacomo e Gino ispiravano maggiore soggezione.

Eppure Bice l'amava tanto suo padre, e spesso gli cingeva colle braccia il collo, mischiava i suoi capelli biondi, inanellati con quelli di lui, e, guardandolo coi suoi occhi azzurri, vispi e pensosi al medesimo tempo, gli diceva con quell'accento infantile che ammalia e seduce:

— Perchè non ridi papà? Ora io sto bene e non ti lascierò più; e t'amo tanto tanto, con la mammina Nesta.

Egli la baciava sospirando.

Ogni mattina, appena alzata, la prima domanda di Bice era:

— È già venuto il papà?

E così Bruna, spalancando i suoi begli occhi pieni di energia e di fermezza, li fissava dapprima con tenerezza su Elena, poi le chiedeva:

— Viene oggi il signor Giacomo?

E bisognava vederle quelle piccine riunite nella sala da pranzo, attorno alla gran tavola apparecchiata. Nei primi giorni, Vigia e Bruna osavano appena toccare i cibi a loro apprestati, ma incoraggiate dalla piccola compagna Bice, dal sorriso tenero, affettuoso di Elena e Nesta, finirono, a rinfrancarsi, e mangiare con molto appetito.

Quando giungevano Gino e Giacomo vi era un momento di soggezione e di silenzio, poi, dopo uno scambio di baci e ca-

La prima pagina de *L'Imparziale* del 19 marzo 1895
(Emeroteca della Biblioteca del Centro Archeologico Italiano, IIC – Il Cairo)

NOTE SUL CONCORSO PER IL MUSEO DI TAHRIR NEGLI ARTICOLI DEL QUOTIDIANO L'IMPARZIALE
(2 marzo 1895 - 29/30 dicembre 1895;
28/29 marzo - 2 aprile 1897)

Il quotidiano L'*Imparziale* fu fondato nel 1892 al Cairo da Emilio Arus, che lo diresse sino alla sua morte nel 1911. In quella data, Enrico Di Pompeo (proprietario già dal 1908 del *Messaggiere egiziano*) ne divenne nuovo direttore e proprietario, dopo esserne stato a lungo "redattore politico": la sede del giornale si trasferisce quindi ad Alessandria. Il quotidiano era formato da 4 pagine, dedicate rispettivamente alla politica interna ed estera (prima e seconda pagina), alla cronaca ed all'attualità (annunci funebri, incidenti, curiosità). Gli annunci pubblicitari godevano di un ampio spazio, specialmente nelle ultime due pagine.
Nel 1930, *L'Imparziale* e il *Messaggiere egiziano* vengono acquistati dal Fascio locale e vanno a confluire nel *Giornale d'Oriente*, diretto da Giuseppe Galassi. Le due redazioni della nuova testata mantengono tuttavia accanto al nuovo, anche il precedente titolo, *L'Imparziale*, per quella del Cairo, e *Messaggiere Egiziano*, nella redazione alessandrina.
Una rarissima raccolta quasi completa de *L'Imparziale* è conservata presso l'emeroteca della Biblioteca del Centro Archeologico Italiano (IIC – Il Cairo), da dove provengono le informazioni che seguono.
A partire dal 2 marzo 1895, *L'Imparziale* pubblica – all'inizio sporadicamente, poi con regolarità – articoli di diversa tipologia a commento delle vicende relative alla progettazione del Nuovo Museo Egizio. Il Ministro egiziano dei Lavori Pubblici, Hussein Fakhry, aveva firmato infatti, il 10 luglio 1894, il *Projet de Programme du concours ouvert par le Gouvernement Égyptien pour l'érection d'un musée des antiquités égyptiennes au Caire*, ossia il decreto

che bandiva un concorso internazionale per la presentazione di progetti finalizzati alla realizzazione del nuovo Museo di antichità al Cairo, che doveva sorgere al posto delle baracche di Qasr el-Nil. I primi articoli – quelli del 2, 14 e 15 marzo – sono brevi e, con stile semplice e telegrafico ma partecipe, annunciano rispettivamente:

a) il previsto arrivo in Egitto del Comm. Basile, palermitano, il quale sarebbe entrato a far parte del Giurì che doveva analizzare i progetti;
b) la nomina del suddetto Ernesto Basile a membro del Giurì "in rimpiazzo" di Manescalco Bey, dimissionario;
c) l'apertura dell'esposizione di tutti i progetti presso la scuola Ali in piazza Abdin, con le date e l'orario di apertura al pubblico.

I successivi articoli - a partire dal 17 marzo 1895 con scadenza giornaliera - assumono però subito toni molto accesi e sono improntati a una dura critica, spesso sarcastica, che va ad investire, a turno, il commissario italiano, Ernesto Basile, le istituzioni italiane (accusate di essere poco attente e presenti a questo importante appuntamento) e le istituzioni egiziane, per la loro parzialità di giudizio.

Una serie completa di articoli viene infine dedicata alla disamina di buona parte dei progetti, con dettagliati commenti e considerazioni tecniche.

Nel primo articolo, quello del 17 marzo, notiamo già, come dicevamo, il tono critico dell'autore che attacca immediatamente il commissario italiano, il quale, a differenza dei progetti (già giunti, classificati ed esposti ad Abdin) sembra sparito nel nulla, bloccato da improbabili agenti atmosferici: "Doveva venire quel signore, almeno a far la comparsa, ... ma il tempo brumale lo ha trattenuto in patria o qualche ciclone iemale lo ha portato in aria prima che s'imbarcasse". E qui, come se il redattore già conoscesse o avesse compreso (dall'assenza del commissario italiano) quale piega avrebbe preso tutto il concorso, vengono introdotti alcuni dei temi che costituiranno il *leitmotiv* dei successivi scritti: un'amara ironia sulla posizione degli artisti italiani, riconosciuti come Maestri e nello stesso tempo vilipesi dagli stranieri; mancanza totale di sostegno da parte delle proprie istituzioni; il sospetto che le decisioni siano già state prese, prima ancora che i progetti venissero esposti; si lascia tuttavia ancora spazio alla speranza che, nonostante tutto, l'Arte (con la A maiuscola) possa ancora trionfare.

Che il redattore nutrisse sin dall'inizio dubbi sul corretto svolgimento del concorso, emerge chiaramente dall'articolo successivo, quello del 19 marzo, dove si commenta con una certa ironia la segnalazione, da parte del *Journal Officiel*, organo del Governo egiziano, di cinque progetti, presso i quali il pubblico che aveva visitato l'esposizione si sarebbe, secondo il giornale, soffermato maggiormente. Il giornalista così termina il breve articolo "Sarebbe davvero curiosa che il Giurì si fermasse con il suo giudizio sopra qualcuno dei numeri della cinquina ufficiale". Tre di questi progetti (28, 33 e 49) risulteranno premiati dalla Giuria.

Ciò cui si era solo alluso nei primi interventi, ritorna in più di un'occasione nei successivi articoli, dopo la pubblicazione dei giudizi (avvenuta il 21 marzo), in cui il I premio non viene assegnato, mentre si attribuiscono quattro premi da 225 lire ciascuno ai progetti 38, 46, 48 e 49 (l'ultimo dei quali dell'architetto Dourgnon, che si aggiudicherà la redazione del progetto definitivo); un premio di 100 lire al progetto 62 e quattro menzioni speciali ai progetti 8, 28, 33 e 71. Tutti i premiati sono francesi.

L'Imparziale giunge addirittura a chiedere che il governo annulli il verdetto e faccia giudicare tutta la vicenda da un Tribunale, che riporti legalità e giustizia. Secondo il giornalista "L'approvazione dei progetti, il giudicato finale, così come è uscito dalla crestomazia di menti valorose, dimostra due cose: o che l'arte, passando attraverso vicende di un novello trasformismo è la manifestazione estetica del brutto e del barocco; o che l'arte in Egitto serve a far vento allo sfruttamento politico d'influenze alte, cui tutti inclinano il dorso prostrandosi riverenti al loro passaggio".

Di certo il ruolo che i paesi europei avevano nella politica di sviluppo economico dell'Egitto era notevole e di pari entità doveva essere il valore che gli stati europei attribuivano ai proficui rapporti con lo stato egiziano; non è dunque improbabile che, nelle scelte da operare, il governo egiziano cercasse di mantenere un certo equilibrio accontentando ora l'uno, ora l'altro dei contendenti; mentre questi ultimi cercavano costantemente di riaffermare il primato della propria posizione in campo economico e politico, come in quello culturale. Al di là comunque delle rivalità (soprattutto, ma non esclusivamente, tra Francia e Inghilterra) e delle prese di posizione dei singoli paesi europei, i governi dovevano ricercare costantemente posizioni diplomatiche tali da non compromettere le relazioni con l'Egitto e i propri interessi nel paese. E questo potrebbe forse spiegare la mancanza di un significativo intervento del Governo italiano in tutta la vicenda.

Tuttavia, in questo caso, l'estrema e ingiustificata fretta con cui il giudizio del Giurì era stato emesso, l'evidente parzialità dimostrata dal comitato che aveva premiato progetti esclusivamente francesi e la stridente "assenza" del governo italiano a sostegno dei propri cittadini concorrenti, deve aver creato un notevole disagio in seno alla comunità italiana d'Egitto e forse approfondito una frattura, che evidentemente si era venuta a creare fra quest'ultima e i rappresentanti dei due stati, almeno da quello che sembra emergere nelle pagine de *L'Imparziale*. Nell'articolo del 22 marzo infatti, il giornale attacca di nuovo l'unico rappresentante italiano presente nel Giurì, il Commissario del Debito Pubblico che, nonostante la sua funzione prettamente economica all'interno della commissione, avrebbe dovuto far valere, a parere del giornale, la propria esperienza nelle lotte politiche e nelle battaglie parlamentari, per sostenere con forza i diritti dei concorrenti italiani. Dal momento che ciò non era avvenuto, l'autore dell'articolo suggeriva ai concorrenti di provare a difendersi da soli e protestare presso il proprio governo che appariva più che mai lontano e disinteressato alla vicenda.

Il 23 marzo *L'Imparziale* commenta amaramente come dopo la perdita di "ogni influenza politica, a noi non restava che la gloria delle arti: era questo il nostro vanto, il nostro orgoglio: ora non più" e poi al termine dell'articolo, quasi lancia un appello al Ministro degli Esteri "gli domandiamo se non sarebbe piuttosto una carità patria, per i contribuenti italiani, non preoccuparsi più di noi e lasciarci al nostro destino".

CONCORSO INTERNAZIONALE
per un museo di antichitâ
egiziane da erigersi in Cairo

APPUNTI ED IMPRESSIONI

Il titolo dei dieci interventi apparsi su *L'Imparziale* dal 20 marzo al 2 aprile 1895 a proposito del concorso

Gli ultimi due articoli di protesta sono indirizzati ancora al Commissario Ernesto Basile (24-25 e 26 marzo) con toni estremamente derisori; ci si chiede dov'è questo inafferrabile commissario della Conca d'Oro, di cui non si conosce nemmeno l'essenza; ci si domanda se non sia d'aria o uno spirito; un essere che viaggia sulle *paparelle* (termine dialettale per indicare piccole nuvole bianche), essendo impalpabile, muto e invisibile....le note sarcastiche investono poi anche l'ingegnere italo-egiziano, Maniscalco-bey, che si era dimesso per lasciare il posto a Basile, ma che aveva successivamente deciso di far uso del suo voto consultivo, dichiarando e pubblicizzando la sua opinione, secondo la quale gli unici progetti accettabili erano proprio quelli premiati. Interessante la frase di chiusura che dipinge con poche parole l'atteggiamento degli italiani verso il mondo esterno, un giudizio che ancora oggi non è totalmente privo di verità: "l'Italia non vuole uscire di casa: è troppo grande signora per tentare una passeggiata in casa altrui".

Se non bastasse il linguaggio, lo stile e il contenuto di questi articoli, per farci un'idea di quanto l'autore fosse "amareggiato" e maldisposto nei riguardi delle autorità italiane e delle personalità che le rappresentavano in quel momento in Egitto, varrà la pena ricordare che Ernesto Basile (Palermo, 31 gennaio 1857 – Palermo, 26 agosto 1932) era architetto italiano di riconosciuto valore. Figlio d'arte (suo padre era l'architetto Giovanni Battista Basile), Ernesto fu apprezzatissimo esponente del modernismo internazionale e del Liberty, e autore di un numero straordinario di grandi opere, tra cui il completamento del teatro Massimo di Palermo, l'ala nuova di Montecitorio, il Villino Florio a Palermo, il Padiglione Florio all'Esposizione di Milano (1906), il Palazzo San Giorgio a Reggio Calabria (1918-1921); Le Théâtre Municipal di Tunisi (per citarne solo una minima parte).

Parallelamente a questi articoli di protesta, viene pubblicata, dal 20 marzo al 2 aprile, una serie di dieci interventi, intitolati *Concorso Internazionale per un museo di antichità egiziane da erigersi in Cairo. Appunti e impressioni*. L'autore, evidentemente non lo stesso degli articoli fin qui sintetizzati, affronta l'analisi tecnica di buona parte dei disegni, con un approccio molto rigoroso e sicuramente da tecnico esperto, prendendo in considerazione la scelta dello stile architettonico, lo studio della facciata, la planimetria, i percorsi e il sistema di illuminazione, nonché la rispondenza del progetto alle richieste del bando sia in termini di disposizione degli spazi, sia di realizzabilità in base al budget previsto. In relazione a questo ultimo punto, va detto, peraltro, che quasi nessuno degli studi proposti risultava essere rispettoso dei dettami del bando di concorso.

Che la posizione dell'autore di questi interventi sia davvero "imparziale" è dimostrato già dal primo articolo della serie, dove l'architetto (o ingegnere) si rallegra che la città del Cairo sia ritornata centro di attività artistica e che numerosi dei disegni presentati provengano da architetti egiziani; commenta positivamente la distribuzione dei bozzetti, e la risposta pronta di tanti artisti dal resto del mondo. Anche l'opinione sui progetti italiani è molto equilibrata, laddove si ricorda che tra i più bei disegni, ce ne sono molti non italiani e che tra gli italiani, "l'unico progetto che presenti una vera trovata del genio, ed un'innovazione, l'unico pel quale non si possano trovare reminiscenze o somiglianze con nostri edifici è quello che porta il numero 67, di un gran maestro dell'arte italiana (l'architetto Guglielmo Calderini, *NdA*), uno dei pochi che possa severamente sfidare il voto del giurì qualunque esso sia per essere".

L'identificazione del nome di Guglielmo Calderini (Perugia, 3 marzo 1837 – Roma, 12 febbraio 1916), come di tutti gli altri progettisti, è stata possibile grazie al confronto con un volumetto, uscito in quel periodo a firma E.B., completamente dedicato all'analisi dei progetti: *Museo egiziano. Rivista critica dei progetti esposti al concorso*, Cairo 1895.

La pubblicazione passa in rassegna tutti i bozzetti presentati fornendo lo stesso tipo di notizie ed indicazioni contenute nei dieci articoli de *L'Imparziale*, dove però i progetti sono definiti quasi unicamente da un numero, mentre mancano i nomi degli autori e raramente ne è riportata la nazionalità. Durante l'esposizione dei disegni infatti, il Giurì aveva provveduto a coprire tali informazioni, che ricompaiono subito dopo la pubblicazione del giudizio e sono riportate a penna e matita a margine delle pagine dell'esemplare della *Rivista critica*, le cui fotocopie sono in possesso di Francesco Tiradritti.

In una recente monografia, Milva Giacomelli (Giacomelli 2010) propone di identificare nel quasi anonimo autore di questo volumetto proprio l'architetto Basile, il quale sarebbe stato dunque al Cairo anche nei giorni precedenti il giudizio e avrebbe addirittura dato alle stampe la sua opera sui progetti, il giorno prima della decisione del giurì. L'interpretazione apre una serie di interrogativi che non possono essere evidentemente trattati in questa sede, ma si rimanda alla pubblicazione per ulteriori approfondimenti sull'argomento.

Sarà interessante fare solo alcune notazioni sui giudizi espressi dai due esperti, che concordano in molti casi nell'individuazione dei progetti migliori:

42 (S. Regnoli, A. Bencivenga, Roma): "Splendido concetto, benché troppo caro" (*Rivista critica*); "...troviamo un edifizio in istile egiziano un poco modernizzato di un effetto gentile e piacevole...: fuori luogo è la piramide in cima" (*L'Imparziale*).

59 (F.P. Rivas): "Disegno divino in puro stile Dorico, uno dei migliori" (*Rivista critica*); "Bellissimo progetto ... il dorico che domina è il tipo più puro e classico" (*L'Imparziale*).

61 (E. Paoletti; E. Angelotti, Italiano): “L’architettura è Classica molto indovinata” (*Rivista critica*); “L’effetto di assieme è serio e non fuori proposito. La pianta non offre granché di interessante.” (*L’Imparziale*).
63 (Ammon, Italia): “Splendido e monumentale colosso Egiziano indovinato. Non completo però e presentato con uno splendore dei più attraenti.” (*Rivista critica*); “Molto semplice e dei meglio distribuiti è il piano di questo bozzetto ... quei quattro corridoi circolanti per tutto l’edificio sono di una utilità indiscutibile...” (*L’Imparziale*).
67 (G. Calderoni, U. E. Bucci, Italia): “Diligente creazione di artista insigne. L’autore propone due progetti simili ... uno più bello dell’altro ...” , appare però molto costoso (*Rivista critica*); “Il progetto è in istile egiziano o per meglio dire in vero rinascimento egiziano: l’antico ci ha guadagnato in gentilezza ed armonia” (*L’Imparziale*).

Più articolate le opinioni sull’analisi dei progetti che furono poi premiati, tutti francesi:

Premi da 225 lire:

38“Questo progetto è come superficie, nei limiti del programma...si vede che il progettista ha avuto l’imbeccata ... si è più elevato di altri, ma è ancora lontano dall’essersi reso conto da come devesi salvare il museo dalla luce cocente” (*Rivista critica*); “... non appartiene precisamente ad alcuno stile e l’effetto della facciata è poco gradevole. La pianta non è male ... ma esce già di programma con i suoi vasti cortili” (*L’Imparziale*).
46 “Progetto in stile moderno simpatico. Presentato con grande accuratezza, pazientemente condotto e degno di lode” (*Rivista critica*); “... progetto presentato con molto tatto e pieno di vita: ma privo assolutamente di novità” (*L’Imparziale*).
48 “Progetto in stile greco e presentato con lusso sfarzoso dei più riusciti” (*Rivista critica*); “... in istile egiziano ben poco egiziano ... In quanto alla pianta uno dei più riusciti” (*L’Imparziale*);

Premio da 100 lire:

62 “Buon progetto in originale architettura, ma non completo.” (*Rivista critica*); “Non saprei davvero decifrare a quale scuola si possa riferire il prospetto ... la pianta non è delle peggio riuscite ...” (*L’Imparziale*).

Menzione speciale:

8 “Lavoro studiato ma non riuscito. Il difetto sta nello stile non definito, ma adattabile al programma.” (*Rivista critica*); “Pretenderebbe essere in stile egiziano modificato da tre grandi arconi in facciata e da una cupola schiacciata nella parte superiore ...” (*L’Imparziale*);

28 “In questo progetto si rimarca dell’originalità nella pianta e graziosità della soluzione ...”, ma troppo costoso per la *Rivista critica*; anche per *L’Imparziale* il progetto grandioso è troppo costoso e l’autore appare quasi conscio del premio che gli sarebbe toccato.

33 “Disegni in stile egiziano monotono che stancano subito l’occhio dell’osservatore.” (*Rivista critica*); “... l’effetto d’assieme non è brutto ed anche le facce laterali sono bene architettate con i più bei pilastri della XVIII dinastia ...” (*L’Imparziale*).

71 “Splendidi disegni chiaramente presentati ... lavoro sortito dalle mani di qualche accademico distinto” (*Rivista critica*); “... francamente non si crederebbe mai che dovesse servire per un museo: pianta e prospetto sembrano fatti apposta per un circo equestre.” (*L’Imparziale*).

Un’attenzione particolare vale la pena di prestare ai giudizi sul progetto 49, vincitore di uno dei premi da 225 lire e presentato dall’architetto Marcel Dourgnon, designato successivamente progettista capo del nuovo Museo:
Secondo l’opinione della *Rivista critica* “La superficie coperta da questo progetto è del 50% superiore ... Questo è un progetto dei più studiati nelle piante e nelle facciate, ma è uno dei progetti che sono fuori concorso perché hanno voluto fare troppo e hanno trattato il programma come meglio hanno voluto”. Mentre a giudizio de *L’Imparziale*, il progetto “è in istile barocco con un’impronta di moderno niente indovinata ... lo stesso dicasi di quelle due orecchie che terminano i fianchi della facciata ... indovinatissima invece è la disposizione della biblioteca ...”.
Sembra che questi ultimi giudizi riescano a sintetizzare e rispecchiare abbastanza bene il clima generale nel corso della competizione, ma anche l’atteggiamento di coloro che si erano accinti a presentare i progetti, atteggiamento improntato soprattutto al desiderio di far colpo sulla commissione e sul pubblico, ma privo dell’effettiva volontà di dar vita ad un progetto definitivo che

rispecchiasse e rispettasse rigorosamente le regole dettate dal bando di concorso: il progetto finale del museo dovrà infatti discostarsi notevolmente da tutto quanto precede, come emerge dall'articolo de *L'Imparziale* del 18 aprile 1895, dal titolo *Il nuovo museo*: "E' al signor Dourgnon, architetto francese, che è stato affidato il piano del nuovo museo ... deve formare il suo piano definitivo valendosi del meglio che presentano i progetti premiati e secondo le modificazioni che suggerirà il Giurì. ... i progetti premiati sorpassano nella previsione d'assai la somma di 120 000 lire ... il sign. Dourgnon dovrà semplicizzare tutto ciò ...".

In un successivo articolo, uscito il 30 dicembre 1895, dal titolo *Nuovo Museo del Cairo*, *L'Imparziale* afferma "... si assicura che sia stato definitivamente stabilito di incominciare l'anno prossimo i lavori di costruzione del nuovo museo che deve sorgere a Kasr el Nil".

A questo punto dobbiamo segnalare una lacuna nella nostra documentazione: per l'anno 1896, infatti, nessuno dei numeri de *L'Imparziale* è conservato presso la nostra emeroteca e non possiamo pertanto seguire le vicende che portarono all'assegnazione dei lavori alla ditta italiana, l'Impresa G. Garozzo e F. Zaffrani.

Le notizie ricominciano con il breve articolo del numero del 28-29 marzo 1897, dove viene annunciato il conio a Parigi di una medaglia commemorativa, ad opera dell'artista Seraphim-Emile Vernier, per la cerimonia della posa della prima pietra del nuovo museo di antichità; e proseguono fino al 2 aprile, con la descrizione dettagliata degli eventi legati a tale cerimonia, programmata per il 1° aprile 1897.

Il tono è ora cambiato, l'autore dispensa generose lodi alle ditte italiane coinvolte sia nella cerimonia sia nella costruzione del Museo, dando ben poco risalto all'importanza storico-culturale dell'evento. In primo luogo si rivolge alla grande efficienza della ditta che dovrà eseguire i lavori: l'Impresa G. Garozzo e F. Zaffrani, definita abile e competente, cui è stato assegnato anche il compito di preparare (e lo farà con gusto e raffinatezza, in tempi brevissimi) la cerimonia della posa della prima pietra, senza peraltro ingerire, anzi astenendosene completamente, nella assegnazione e distribuzione dei limitatissimi inviti.

La grande raffinatezza dell'arte italiana viene ricordata dal redattore de *L'Imparziale* anche in relazione alla realizzazione degli oggetti che dovranno servire alla cerimonia e che consistono in "una vaschetta per la calce, una cazzuola, un martello, calamaio e penna, il tutto in palissandro, ebano, avorio e argento, in istile antico-egiziano, improntato a quel gusto artistico speciale che ogni prodotto dello stabilimento Parvis porta seco...". Questi oggetti saranno rinchiusi in una cassa da seppellire insieme alla prima pietra sotto la massa dell'edificio.
Gli articoli del 2 e 3 aprile, gli ultimi sull'argomento, danno una particolareggiata descrizione della cerimonia, dei suoi invitati, degli oggetti che andarono a costituire il "deposito di fondazione" (di faraonica memoria) del nuovo museo, del processo verbale scritto su una pergamena speciale, composto e disegnato da Marcel Dourgnon, per terminare con i discorsi del Ministro dei lavori pubblici e del Khedivé.
L'articolo del 2 aprile si apre con la lista delle personalità invitate alla cerimonia, tra i quali, oltre ai ministri, figurano il commissario imperiale ottomano, il presidente del consiglio legislativo, il corpo diplomatico, poi capi militari, dignitari di palazzo, sottosegretari di stato, il personale del Museo di architettura e, naturalmente, i signori Garozzo e Zaffrani.
Di grande eleganza e semplicità (nella descrizione de *L'Imparziale)* il percorso che conduceva ai cantieri, e il padiglione riservato al Khedivé Abbas Hilmi II e ai suoi invitati; qui erano stati collocati gli utensili simbolici per la cerimonia ed esposte fotografie del pianterreno, del primo piano e della facciata dell'edificio; presso le fondazioni, si vedeva inoltre la cassa in pietra all'interno della quale gli utensili dovevano essere seppelliti. La cassa, secondo le indicazioni de *L'Imparziale*, era stata ritrovata da Jacques De Morgan, durante i suoi scavi a "Dasciur" nel febbraio del 1895 (evidentemente uno dei reperti rinvenuti dall'egittologo francese e allora capo del Service des Antiquités d'Egypte, nel complesso della piramide di Amenemhat II, durante lo scavo delle tombe delle principesse Khnumit e Ida, *NdA*). Segue poi una dettagliata descrizione di tutti gli utensili, e del contenuto del processo verbale scritto sulla pergamena preparata da Marcel Dourgnon: que-

sta era decorata con un ampio fregio recante i nomi dei tre khedivé coinvolti dal progetto di creazione del nuovo museo, Ismail Pasha, Tawfiq Pasha e Abbas Hilmi II; i nomi di eminenti egittologi del passato e del presente, e quelli dei tre musei egittologici: Boulaq, Gizah e quello del nuovo museo di Qasr el-Nil.
Il verbale inizia con "Il giovedì I aprile 1897, S.A. Abbas Helmi Khedivé d'Egitto ha posato la prima pietra del Museo di Antichità egiziane - assistevano alla solennità - S.E. Moustapha Fahmi pascià presidente del Consiglio – dei Ministri e Ministro dell'Interno – S.E. Fakhry pascià, Ministro dei lavori pubblici – e dell'istruzione pubblica – S.E. Boutros pascià, Ministro degli affari esteri – S.E. Ahmed Mazloum pascià, Ministro delle Finanze – S.E. Ibrahim Fuad pascià, ministro della giustizia – S.E. Abani pascià, ministro della Guerra – J. de Morgan, direttore generale dei Servizi delle Antichità d'Egitto – Marcello Dourgnon, architetto del monumento."
Nasceva il nuovo Museo Egizio del Cairo, che avrebbe aperto per la prima volta i battenti al pubblico dopo circa cinque anni, il 15 luglio del 1902.

Rosanna Pirelli
Direttrice del Centro
Archeologico Italiano (IIC – Il Cairo)

Bibliografia

M. Giacomelli, *Ernesto Basile e il concorso per il museo di antichità egizie del Cairo. 1894-1895*, Firenze 2010.

L'autrice ringrazia Cécile Safwat e Yasser Fathi, segretaria e bibliotecario del Centro Archeologico, per aver con grande efficienza coadiuvato il lavoro di raccolta degli articoli.

GLI ALBUM DI FOTOGRAFIE SULLA COSTRUZIONE DEL MUSEO EGIZIO DEL CAIRO

Dell'album fotografico relativo alla costruzione dell'edificio che ospita il Museo Egizio in Midan el-Tahrir sono noti almeno quattro esemplari. Uno è in possesso di un privato milanese (esemplare A), mentre gli altri tre sono conservati nella biblioteca del Museo del Cairo (esemplare B = inventario E 13059; esemplare C = collocazione H f° 8; esemplare D = senza numero).
Le dimensioni dei quattro album sono di cm 47,5 x 42,5. Sono rilegati in tela nera con costole ed angoli rinforzati in pelle marrone. Sulla copertina è stampata in caratteri dorati la scritta: "COSTRUZIONE / MUSEO EGIZIANO / IMPRESA / G. GAROZZO & F. ZAFFRANI / 1897-1901"; in basso a destra si trova invece la scritta "V. GIUNTINI / FOTOGRAFO".
Ogni fotografia è incollata su una pagina dell'album. Sugli esemplari B e C la data dell'esecuzione della ripresa è stata apposta a matita in corrispondenza dell'angolo inferiore destro di ogni fotografia. Su questa sequenza cronologica è stata basata la numerazione progressiva delle fotografie. La successione, pur restando la medesima nei tre esemplari del Cairo, è diversa nella copia dell'album in possesso del privato milanese (A), soprattutto in corrispondenza delle ultime fotografie, tutte relative a vedute dell'edificio del Museo ormai completato. Da notare, anche se ininfluenti dal punto di vista della sequenza cronologica visto che si tratta di riprese effettuate nello stesso giorno, l'interscambio tra la *Fotografia 11* e la *12* e l'anticipazione della *25* al posto della *22* in (A). Quest'ultima variazione porta di conseguenza a uno slittamento delle *Fotografie 22* (*23* in A), *23* (*24* in A) e *24* (*25* in A).
Le fotografie facevano soprattutto parte della documentazione relativa all'avanzamento dei lavori ed è assai probabile che gli esemplari attualmente conservati nella biblioteca del Museo del Cairo vi siano stati depositati per contratto. Non è però dato sapere quante altre copie dell'album esistano oltre a quelle al Cairo e in possesso del discendente di Zaffrani. Ve ne doveva

Giuseppe Garozzo dalla
Fotografia 37 del 10 gennaio 1900

essere sicuramente una quinta, spettante alla famiglia Garozzo, ma è pressoché sicuro che le copie fossero più numerose, come dimostra anche la presenza di alcune copie delle fotografie negli Archivi Alinari.

Giuseppe Garozzo e Francesco Zaffrani erano personaggi in vista della comunità italiana al Cairo tra la fine dell'800 e l'inizio del secolo scorso. Le loro vite avevano molti punti in comune. Erano nati entrambi nel 1847, il primo a Catania, il secondo a Casalzuigno, un piccolo paese in provincia di Varese (ma che all'epoca doveva rientrare nel territorio di Como). Garozzo era arrivato ad Alessandria all'età di quindici anni (1862) dove era stato nominato capomastro dei lavori della Società Operaia Italiana. Zaffrani giunse invece ad Alessandria un po' più tardi, quando ormai aveva ventidue anni (1869). Cominciò a lavorare come giornaliero e poi come sorvegliante capomastro per la ditta Storari e Radice. Passò poi a creare una propria impresa con la quale eseguì numerosi lavori di irrigazione nel Basso Egitto. Quest'attività gli procurò una tale reputazione che il suo nome fu attribuito a uno degli innumerevoli canali da lui realizzati. Alla vigilia della costruzione del Museo del Cairo il Ministero dei Lavori Pubblici egiziano gli aveva affidato l'incarico di iniziare i lavori di scavo degli invasi di Assuan. In quell'occasione era anche stato inviato in Italia con il compito di scegliere tagliapietre esperti nella lavorazione del granito. Dopo avere costituito una propria impresa Garozzo aveva invece condotto varie opere edili ad Alessandria e al Cairo. Qui, su incarico di Ismail Pascià, aveva lavorato per sette anni alla villa di Giza, trasformata poi in museo quando tutte le antichità egizie vi furono trasferite dall'inagibile sede di Bulaq. Nello stesso periodo Garozzo aveva lavorato alla costruzione di numerose residenze di Shawarby Pasha. Si era associato poi con la ditta Nicola Marciano con la quale aveva realizzato l'Ospedale di Alessandria e la chiusa Taufikeya. L'Hotel Sheperd, costruito in appena sei mesi, è un'altra delle opere degne di nota della ditta Garozzo-Marciano.

L'associazione tra Garozzo e Zaffrani avvenne nel 1896 proprio in occasione della costruzione del Museo Egizio del Cairo. La ditta dovette superare non poche difficoltà per aggiudicarsi il lavoro ed è assai probabile che, oltre al notevole ribasso applicato, dovettero valere assai le conoscenze in ambito khedivale che i due impresari si erano fatti in trent'anni di attività nella Valle del Nilo. La comunità degli italiani in Egitto (che si autodefinivano "Colonia") accolse la scelta dell'Impresa Garozzo e Zaffrani come una rivincita rispetto al risultato negativo del concorso per il progetto dell'edificio. Dalla stampa italiana al Cairo dell'epoca e i due sono descritti alla stessa stregua di salvatori della patria, anche se, a ben guardare, il loro comportamento non appaia così cristallino come si addirrebbe a degli eroi, soprattutto quando lo si ponga in relazione all'atteggiamento tenuto da Marcel Durgnon, l'architetto francese al quale era stato affidato il compito di disegnare il nuovo museo. Quest'ultimo ebbe sempre dei rapporti conflittuali con l'impresa edile fino ad arrivare ad affermare, in una lettera inviata al proprio Ministero degli Affari Esteri (Crosnier Leconte 2010, p. 220), di avere ricevuto da parte di uno dei due associati la richiesta di gonfiare le voci di spesa dietro un compenso equivalente al 5% della cifra totale dei lavori. Alla fine Durgnon tornò in Francia sdegnato; alla fine la somma sborsata dal governo egiziano per la costruzione dell'edificio risultò però quasi raddoppiata rispetto a quella prevista in partenza. Negli anni immediatamente successivi al termine dei lavori l'edificio cominciò a manifestare numerosi problemi strutturali .che, tra l'altro, furono attribuiti all'utilizzo di materiali scadenti e all'imperizia delle maestranze nella messa in opera delle strutture in calcestruzzo armato, tecnica costruttiva allora di recente acquisizione. La colpa di questo stato di cose fu attribuita di volta in volta all'impresa, all'architetto e ai fornitori dei materiali. Non è agevole stabilire una verità univoca. Il solo dato di fatto è che tra tutte le ditte chiamate a porre riparo ai danni strutturali verificatisi non figura il nome dell'Impresa Garozzo-Zaffrani.

II due continuarono a lavorare insieme cooperando nella realizzazione degli hotel Savoy e Grand Continental, della nuova residenza di Shawarby Pasha nel quartiere di Ismailya e dell'Ospedale Italiano del Cairo al quale, molto opportunamente, avevano fatto dono di 500 Lire egiziane.

Francesco Zaffrani dalla *Fotografia 37 del 10 gennaio 1900*

L'album di fotografie di Garozzo - Zaffrani può essere diviso in sette sezioni tenendo conto della data di realizzazione degli scatti, riportata a matita al di sotto delle fotografie degli esemplari B e C:

1) Fotografia 1: plamnimetria del pianterreno del museo; s.d. (non pubblicata qui)
2) Fotografie 2-9: lavori preliminari di preparazione del terreno; dal 19-1 al 6-2-1897.
3) Fotografie 10-13: cerimonia della posa della Prima Pietra; 1-4-1897.
4) Fotografie 14-17: costruzione dell'interrato fino al pavimento del pianterreno; dal 3-6 al 5-12-1897.
5) Fotografie 18-26: costruzione del pianterreno; dal 6-4 al 4-10-1898.

6) Fotografie 27-36: costruzione del primo piano; dal 21-3-1899 al 6-1-1900.
7) Fotografie 38-41: consegna e posa della chiave di volta; dal 10-1 al 14-2-1900.
8) Fotografie 42-46: vedute dell'edificio terminato e foto di gruppo: 28 e 30-11-1901.

Dal punto di vista storico l'interesse dell'album non è rappresentato da quello che vi è documentato quanto piuttosto da quello che vi è omesso. Non vi sono, per esempio, riprese delle sale né del pianterreno né del primo piano. Del corridoio che percorre tutto l'edificio a partire dalla grande galleria d'onore esiste, forse, un unico scatto (*Fotografia 36*). Queste assenze possono corrispondere a una mancanza d'attrattiva per parti dell'edificio che non hanno nulla di particolare né per l'aspetto architettonico né per quello costruttivo.
Da quest'ultimo punto di vista è invece interessante la *Fotografia 19* che ritrae gli impresari, e presumibilmente alcuni dei loro collaboratori, contro lo sfondo di un muro di pietre già squadrate. Cumuli di simili blocchi sono visibili anche nella *Fotografia 18*. Si tratta forse delle cosiddette "*(pietre) tagliate*"? Secondo una recente teoria (Redford 1999, p. 50) questo termine costruttivo italiano sarebbe stato storpiato dalle maestranze egiziane nella parola "*talatat*", più consona alla pronuncia dell'arabo e utilizzata in seguito per indicare i tipici blocchi in pietra utilizzati nell'architettura amarniana, le cui vestigia cominciarono ad affiorare dalle sabbie del deserto proprio tra la fine del XIX e l'inizio del XX secolo.
Quello che però salta maggiormente agli occhi è però la quasi totale assenza della documentazione fotografica relativa alle parti in calcestruzzo armato. La mancanza è stridente proprio tenendo conto del fatto che si trattava di una tecnica costruttiva innovativa e Garozzo e Zaffrani avrebbero avuto tutto l'interesse a pubblicizzarne l'uso in una costruzione loro affidata. In calcestruzzo armato sembrerebbero essere state realizzate le colonne del pianterreno (*Fotografie 23-24*).
Se si escludono le due riprese dedicate alla cupola soprastante l'atrio del museo (*Fotografie 34-35*), nessuna fotografia mostra inoltre le fasi di posa in opera del tetto.
Queste omissioni potrebbero esser volute con l'intenzione di nascondere fasi del lavoro e parti dell'edificio che l'Impresa Garozzo e Zaffrani non aveva alcun interesse a mostrare come, per esempio, proprio dove si era fatto un maggiore utilizzo del calcestruzzo armato. Questo avrebbe anche riguardato le modalità di

utilizzo del nuovo materiale. Sembrerebbero dimostrarlo le colonne in cemento del pianterreno, libere da qualsiasi ponteggio, in mezzo a una selva di strutture murarie ancora avvolte dalle imalcature in legno.
La fase conclusiva dei lavori è rappresentata dalla posa della chiave di volta dell'entrata principale, operazione alla quale sono dedicati ben cinque scatti (*Fotografie 38-41*).
I problemi strutturali si manifestarono non molto tempo dopo la consegna dei lavori da parte della Ditta Garozzo-Zaffrani. Nel maggio del 1900 fu necessario demolire e rifare alcune parti della terrazza che si erano dimostrate troppo deboli.
Risalgono a più di un anno e mezzo dopo le ultime fotografie contenute nell'album di Garozzo e Zaffrani. Si tratta di quattro vedute che mostrano gli interni dell'edificio ancora vuoti. Lo scatto conclusivo è quello di una foto di gruppo (i personaggi sono troppo piccoli per essere identificati) davanti all'entrata principale del museo.

Francesco Tiradritti
Direttore della Missione
Archeologica Italiana a Luxor

Bibliografia

Crosnier Leconte 2010
M.-L. Crosnier Leconte, *Une chantier chaotique*, in : E. Godoli, M. Volait (a cura di), *Concours pour le musée des Antiquités égyptiennes du Caire 1895*, pp. 211-234.

Redford 1999
D.B. redford, *The Beginning of the Heresy*, in: R.E. Freed, Y.J. Markowitz, S.H. D'Auria (a cura di), *Catalogue of the Exhibition "Pharaohs of the Sun. Akhenaton-Nefertiti-Tutankhamon"*, Boston/New York/Londra 1999, pp. 50-59.

COSTRUZIONE

MUSEO EGIZIANO

IMPRESA

G. GAROZZO & F. ZAFFRANI

1897-1901

V. GIUNTINI

FOTOGRAFO

Fotografie 2 - 3 = Lavori di sbancamento del terreno, dstinato ad accogliere l'edificio del museo, a nord-est della caserma dell'esercito inglese a Qasr el-Nil (19-1-1897)

Fotografia 4 = Lavori di sbancamento del terreno destinato ad accogliere l'edificio del museo (3-2-1897)

Fotografia 5 = Operazioni di rilievo preliminari e preparazione del terreno per la posa delle fondamenta (3-2-1897)

Fotografia 6 = Preparazione del terreno per la posa delle fondamenta (3-2-1897)

Fotografia 7 = Lavori di sbancamento e di livellamento del terreno. Sullo sfondo si intravede l'angolo nord-est della caserma dell'esercito inglese a Qasr el-Nil (6-2-1897)

Fotografia 8 = Lavori preparatori per la posa delle fondamenta (6-2-1897)

Fotografia 9 = Lavori preparatori per la posa delle fondamenta (6-2-1897)

Fotografia 10 = Cerimonia della posa della Prima Pietra: arrivo delle autorità (1-4-1897)

Fotografia 11 = Cerimonia della posa della Prima Pietra: la tenda khedivale e gli ospiti (1-4-1897)

Fotografia 12 = Cerimonia della posa della Prima Pietra: discorsi ufficiali (1-4-1897)

Fotografia 13 = Cerimonia della posa della Prima Pietra:
Habbas Hilmi II in prossimità della Prima Pietra (1-4-1897)

Fotografia 14 = Posa in opera delle fondamenta pressoché completata (3-6-1897)

Fotografia 15 = Costruzione del piano interrato. Sullo sfondo, il lato orientale della caserma dell'esercito inglese a Qasr el-Nil (27-7-1897)

Fotografie 16 - 17 = Veduta panoramica dell'edificio pressoché completato fino al pavimento del pianterreno (5-12-1897)

Fotografia 18 = Inizio dell'elevazione del pianterreno (6-4-1898)

Fotografia 19 = Gli impresari e i loro più stretti collaboratori fotografati di fronte alle pietre già squadrate che serviranno per la costruzione dell'edificio (10-5-1898)

Fotografia 20 = L'atrio e l'ala orientale della grande galleria d'onore in una fase avanzata dei lavori, ripresi dall'interno dell'edificio (14-6-1898)

Fotografia 21 = Il pianterreno in una fase avanzata dei lavori, ripreso dall'angolo nord-ovest dell'edificio (14-6-1898)

Fotografia 22 = La grande galleria centrale in una fase avanzata dei lavori, ripresa da nord-ovest (4-10-1898)

Fotografia 23 = L'ala orientale della grande galleria d'onore in una fase avanzata dei lavori, ripresa dall'atrio (4-10-1898)

Fotografia 24 = L'ala occidentale della grande galleria d'onore in una fase avanzata dei lavori, ripresa dall'atrio (4-10-1898)

Fotografia 25 = Una fase avanzata nei lavori di elevazione del pianterreno (4-10-1898)

Fotografie 27 - 28 = Il primo piano in costruzione, veduta delle terrazza circolare soprastante l'atrio (21-3-1899)

Fotografia 26 = La grande galleria centrale in una fase avanzata dei lavori, ripresa da sud (4-10-1898)

Fotografia 29 = Veduta del primo piano in fase avanzata di costruzione, ripreso da nord; in alto a destra si distingue la caserma dell'esercito inglese a Qasr el-Nil (20-5-1899)

Fotografia 30 = Il primo piano in costruzione, veduta delle rotonda soprastante l'atrio ripresa da est (20-5-1899)

Fotografia 31 = Il primo piano della grande galleria centrale in fase di costruzione, ripreso da sud-ovest (20-5-1899)

Fotografia 32 = Innalzamento dell'arco di volta soprastante la terrazza centrale al primo piano (2-10-1899)

Fotografia 33 = Innalzamento dell'arco di volta soprastante la parte settentrionale centrale del primo piano (10-12-1899)

Fotografia 34 = L'interno della cupola soprastante l'atrio ancora in costruzione, ripresa da nord (6-1-1900)

Fotografia 35 = L'esterno della cupola soprastante l'atrio ancora in costruzione, ripresa da nord (6-1-1900)

Fotografia 36 = Fase di costruzione di uno dei corridoi laterali del primo piano (6-1-1900)

Fotografia 37 = Foto di gruppo accanto alla chiave di volta scolpita da Ferdinand Faivre. Garozzo e Zaffrani si tengono rispettivamente a sinistra e a destra della scultura (10-1-1900)

Fotografia 38 = Chiave di volta, scolpita da Ferdinand Faivre, a forma di divinità femminile egizia; visione frontale (10-1-1900)

Fotografia 39 = Chiave di volta, scolpita da Ferdinand Faivre, a forma di divinità femminile egizia; visione di tre-quarti (10-1-1900)

Fotografia 40 = Posa della chiave di volta soprastante l'entrata principale del museo; Garozzo poggia la mano sulla pietra, Zaffrani è più in basso alla sua sinistra (14-2-1900)

Fotografia 41 = Un momento del sollevamento della chiave di volta soprastante l'entrata principale del museo (14-2-1900)

Fotografia 42 = Veduta della grande galleria centrale con i piedistalli pronti ad accogliere le statue, ripresa da sud (28-11-1901)

Fotografia 43 = Veduta dell'ala occidentale della grande galleria d'onore (28-11-1901)

Fotografia 44 = La facciata del museo terminata (30-11-1901)

Fotografia 45 = La facciata e il lato orientale del museo ripresi da sud-est (30-11-1901)

Fotografia 46 = Foto di gruppo davanti all'entrata del museo terminata (30-11-1901)